AIDER,
SAUVER pourquoi,
comment ?

Collection
« Les Petites conférences »
dirigée par Gilberte Tsaï

Entre 1929 et 1932, Walter Benjamin rédigea pour la radio allemande des émissions destinées à la jeunesse. Récits, causeries, conférences, elles ont été réunies plus tard sous le titre de Lumières pour enfants.

Le Centre dramatique national de Montreuil et Gilberte Tsaï ont décidé de reprendre ce titre pour désigner les « petites conférences » qu'il organise chaque saison et qui s'adressent aux enfants (à partir de dix ans) comme à ceux qui les accompagnent. À chaque fois, il n'est question que d'éclairer, d'éveiller. Ulysse, la nuit étoilée, les dieux, les mots, les images, la guerre, Galilée... les thèmes n'ont pas de limites mais il y a une règle du jeu, qui est que les orateurs s'adressent effectivement aux enfants, et qu'ils le fassent hors des sentiers battus, dans un mouvement d'amitié traversant les générations.

Comme l'expérience a pris, l'idée est venue tout naturellement de transformer ces aventures orales en petits livres. Telle est la raison d'être de cette collection.

ISBN 10 : 2 227 47610 9
ISNB 13 : 978 2 227 47610 3

3 et 5, rue Bayard, 75393 Paris Cedex 08

Rony Brauman

AIDER, SAUVER pourquoi, comment ?

petite conférence
SUR L'HUMANITAIRE

Bayard

C'est bien de l'aide ou de l'action humanitaire que je vais vous parler. Si je peux facilement le faire pendant le temps d'une conférence, voire beaucoup plus, c'est parce que l'aide humanitaire, qui est en apparence facile, pose en réalité de multiples questions. Elle semble facile au sens où chacun sait qu'il existe des malheurs, chacun peut constater qu'il y a des souffrances dans le monde et que, dans nos pays, nous avons les moyens de répondre à ces malheurs et de soulager ces souffrances. Il faut donc organiser cette rencontre. C'est cela, le sens même de l'action humanitaire. Mais on peut aussi faire l'expérience, lorsque l'on aide quelqu'un dans son entourage, dans sa famille ou dans le voisinage, qu'il est possible d'avoir de mauvaises surprises. Vous avez peut-être eu l'occasion de constater que l'aide que l'on apportait provoquait parfois des réactions ou des effets inattendus. Et si l'on peut constater qu'à l'échelle individuelle, ce n'est jamais simple, il va de soi que quand il s'agit d'aide à grande échelle, d'aide mise en œuvre par des organisations internationales, ces questions se posent également. L'aide est parfois inutile ou mal adaptée, mais ce ne sont pas ces aspects difficiles, complexes, qui l'emportent. En dépit de tout cela, l'aide humanitaire – j'en parle car c'est mon activité essentielle depuis maintenant près de trente ans – permet bien souvent de faire la différence entre vivre ou mourir, ou entre une vie marquée par la souffrance et l'allégement de ces souffrances. C'est cet aspect du travail humanitaire qu'il faut défendre, c'est en cela qu'il mérite d'être développé.

Pourquoi aider ? C'est la question qui figure en tête du carton d'invitation à cette conférence. Je crois que ce que je viens de vous dire suffit à répondre à cette question ; la question du « pourquoi » me semble immédiatement résolue. Par contre, je crois que la question du « comment » est plus délicate. Je vais aborder quelques questions par le biais d'exemples concrets. Nous parlons d'action, c'est donc dans le contexte de l'action qu'il faut raisonner, qu'il faut voir comment se posent les problèmes et comment nous pouvons y répondre. Malheureusement, je vais devoir laisser de nombreuses questions de côté, car cela nous prendrait bien trop de temps. J'espère que pendant le débat qui suivra mon exposé, nous pourrons aborder d'autres sujets, qui vous préoccupent et que je n'aurais pas traités.

Je commencerai donc par un exemple ancien, un exemple qui m'a personnellement beaucoup marqué, car j'y étais directement impliqué en tant que médecin. C'est à cette occasion que j'ai commencé à me poser des questions, à remettre en cause certaines de mes convictions qui étaient démenties par la réalité devant laquelle je me trouvais. Cet exemple est celui d'une famine qui s'est déclarée pendant l'été 1980 dans un pays africain, l'Ouganda. Comme bien souvent, cette famine s'était développée pendant une guerre, qui avait détruit les circuits d'approvisionnement, les livraisons de vivres et les structures administratives. Une guerre entraîne également des déplacements de populations, et quand les gens bougent, qu'ils sont obligés de quitter leur ville, leur village, ils ne peuvent plus cultiver leurs terres. Les répercussions de ce conflit avaient été amplifiées par une grave sécheresse qui sévissait au nord-est de l'Ouganda. Dans le reste du pays, le Nil, un fleuve qui traverse l'Ouganda, ainsi que la générosité de la nature, produisent spontanément de nombreuses ressources : des fruits et des céréales. Ceci avait permis à la population de cette région de traverser la crise sans trop de difficultés. Les habitants pouvaient survivre, ils avaient à manger. Mais le nord-est du pays était très isolé et on y mourrait de faim. Avec Médecins sans frontières, nous avons appris l'existence de cette famine par la presse. Cela me donne l'occasion pour moi de vous dire l'importance de la presse dans mon métier et de souligner le fait que l'aide humanitaire telle que nous la connaissons aujourd'hui est née avec la presse moderne. La Croix-Rouge a été créée au XIXe siècle, au moment de l'apparition des journaux, du télégraphe, de la machine à vapeur, de tous ces moyens techniques qui permettaient de s'informer. Nous avons perdu le souvenir de ce moment où la notion d'« actualités » n'existait pas.

Je suis donc parti en Ouganda, pour MSF (c'est l'abréviation de médecins sans frontière), faire ce que nous appelons dans notre jargon une « mission exploratoire ». C'est un bien grand mot pour désigner quelque chose d'assez simple et pourtant d'indispensable : il s'agit d'évaluer les problèmes. Lorsque l'on apprend qu'il y a une famine quelque part, il faut tout d'abord aller vérifier si les informations sont justes, puis il faut essayer d'estimer le nombre de personnes qui sont atteintes, quelles sont les organisations déjà présentes et le nombre de personnes déjà sur le terrain. Il faut aussi établir des relations avec les autorités locales. Malheureusement, ce pays était ravagé par la guerre et il n'y avait pratiquement pas d'État, pas d'administration ; c'était le chaos général. Il y avait cependant des autorités locales, des missionnaires religieux, des chefs traditionnels de villages. Il est important de parler avec ces gens qui représentent l'autorité, de s'informer et de les informer de ce que l'on a l'intention de faire. En tant que médecin, je devais également voir quelles étaient les maladies qu'il faudrait traiter – celles qui apparaissent ou qui se développent de façon importante lorsque les gens sont très faibles à cause de la famine. Je devais noter quelles étaient ces maladies et évaluer combien de médecins, combien d'infirmiers et d'infirmières il allait falloir envoyer, de quel type de médicaments et d'instruments opératoires nous allions avoir besoin. Il fallait aussi repérer les routes, établir les priorités, voir quels étaient les différents problèmes de malnutrition, de médecine, de chirurgie, mais aussi les problèmes logistiques, les problèmes d'organisation. C'est cela que l'on appelle la « mission exploratoire ». Une fois établies les grandes lignes d'action et le « programme » défini, on peut commencer à le mettre véritablement en place. Après avoir passé dix à quinze jours à parcourir le terrain, j'ai demandé à MSF de faire venir des équipes pour installer un dispensaire, un centre de nutrition, bref, de mettre en place tout l'appareil pour organiser les secours.

Je dois vous dire d'ailleurs que cette première période fut très difficile, car il s'agissait pour moi d'une première expérience en situation de famine. J'avais déjà travaillé plusieurs années en Afrique et en Asie, j'avais l'expérience du travail médical humanitaire dans des régions isolées, mais je n'avais encore jamais vu, à cette époque, de famine aussi aiguë, aussi profonde, autant de gens proches de la mort. Comme je vous le disais, c'était une mission « exploratoire », je n'avais donc rien d'autre avec moi qu'une petite trousse médicale, car je suis médecin et que je me déplace avec cela. J'avais quelques médicaments et quelques instruments, mais c'était tout à fait dérisoire face à l'énormité des besoins. C'était psychologiquement très difficile d'être là pour aider, d'être confronté chaque jour à des urgences et d'être obligé de répondre : « Non, je suis désolé, je vois bien qu'il s'agit d'une urgence, mais je n'ai rien pour y répondre, il va falloir attendre un petit peu ». Pour un certain nombre de gens, il était impossible d'attendre et, entre le moment où je suis arrivé et le moment où l'ensemble des équipes et du matériel de MSF m'a rejoint, bien trop de gens qui auraient pu être sauvés sont malheureusement morts. Dans ce genre de situation, on a un sentiment très fort d'utilité, car on est sur la bonne voie, on est en train de mettre en place ce qui va les sauver, mais on a également un sentiment intense de frustration et d'impuissance, car beaucoup de gens, devant nous, se dégradent jour après jour. C'est une grande souffrance personnelle. Une fois cette période exploratoire passée, une fois l'équipe de MSF ainsi que d'autres équipes humanitaires sur place, nous avons pu installer des centres de nutrition en utilisant des dispensaires locaux qui n'étaient plus utilisés. Comme je vous le disais, c'était la guerre, il y avait très peu d'équipes médicales locales car elles avaient du fuir à cause de la violence générale. Nous, nous n'étions pas dans la même situation ; en tant qu'étrangers, notre nationalité nous protégeait. C'était une guerre civile et puisque nous étions étrangers au pays, nous étions étrangers au conflit. Par conséquent, nous étions protégés par le fait de n'être pas suspectés d'appartenir à un camp ou à un autre. Le fait d'être étranger est un aspect très important de l'aide humanitaire. C'est parfois une difficulté, on ne parle pas la langue, on ne connaît pas les façons de faire propres au pays. Mais c'est aussi un avantage ; être en dehors d'un conflit permet d'avoir la confiance de la plupart des gens et donc de pouvoir faire des choses que les médecins ou les secouristes locaux ne peuvent pas faire. Nous avons donc apporté des vivres, des aliments spéciaux (nous avions fait mettre au point à ce moment-là des petites barres, comme des barres chocolatées, destinées à être consommées facilement, à faible prix et avec des qualités nutritives équilibrées). Nous apportions non seulement ces barres énergisantes, mais aussi les secours alimentaires de base : des céréales, du riz et du mil que nous achetions dans la région, du lait, de l'huile et du sucre. Vous voyez, il n'y a pas de quoi faire des banquets, ce n'est pas très gastronomique, mais cela permettait – et permet toujours – à des gens qui risquent de mourir de faim de passer ces périodes très difficiles. Avec ces sortes d'aliments, il est possible de faire des mélanges qui apportent à la fois un équilibre nutritionnel et des calories, de l'énergie permettant de se « retaper ». Les barres, ces aliments spéciaux, s'adressaient aux plus sévèrement malnutris et particulièrement aux enfants.

Mais nous avons aussi rencontré plusieurs problèmes. Tout d'abord, parmi les vivres qui avaient été apportées par les organisations d'aide internationale, il y avait du poisson séché. C'est une denrée essentielle, car il faut des protéines pour survivre dans ces situations. De plus, ce poisson séché est très léger, il peut être facilement transporté en grande quantité et se conserve très bien, y compris à la chaleur, parce qu'il est très salé. Mais ce poisson était considéré comme un aliment dégoûtant par l'immense majorité de la population. Ils étaient même offensés qu'on leur apporte cette nourriture-là ; pour eux, ce poisson ressemblait à des excréments, à du caca. Il est vrai qu'il a une odeur assez désagréable, mais surtout dans ce pays qui n'a pas d'accès à la mer, dans cette région éloignée du grand fleuve Nil, on ne consommait pas de poisson. Ils avaient l'habitude de manger de la viande, des céréales, du lait, mais pas ce type d'aliment. À ma grande surprise, j'ai vu des familles, des mères, des enfants, qui préféraient ne pas s'alimenter, donc prendre le risque de voir leur état s'aggraver, plutôt que de manger ce poisson salvateur qui leur aurait permis de récupérer rapidement.

J'ai appris ce jour-là que je ne pourrais jamais dire à mes propres enfants ce que tous les parents disent un jour : « Mange car il y a des enfants dans le monde qui meurent de faim et qui aimeraient bien avoir ce que tu as dans ton assiette ». Ce n'est pas aussi simple. Peut-être que si l'on avait transféré le contenu de l'assiette de mes enfants dans celles de petits enfants affamés, ceux-ci n'auraient pas voulu de cette nourriture. Il y a certaines odeurs, certaines consistances qui vont au-delà du besoin physiologique de manger pour survivre. Il est nécessaire d'adapter la nourriture, non seulement sur le plan médical – d'avoir la bonne quantité de protéines, de graisses, de sucres, d'éléments minéraux, de sel, ce qui fait la qualité nutritionnelle d'un aliment –, mais également que cet aliment soit acceptable par les gens qui vont l'absorber. C'est une exigence à laquelle je ne m'attendais pas car j'avais jusqu'alors une vision des choses bien trop médicale. Or, la médecine, ce n'est pas toute la vie ; cet exemple est l'un des premiers chocs qui m'ont préparé à mieux organiser les secours lorsque j'ai été responsable de Médecins sans frontière.

Une deuxième difficulté est survenue. Nous manquions d'aliments car les secours avaient tardé à venir. C'est d'ailleurs souvent un problème majeur : les secours sont là, mais ils arrivent trop tard ou en trop faible quantité. Cela c'est amélioré depuis, mais les problèmes subsistent, et vous verrez qu'il y a encore beaucoup de travail à faire pour améliorer les choses. Il n'y avait donc pas assez de vivres pour tout le monde. La population comptait environ soixante-dix à quatre-vingt mille personnes directement touchées par la famine et il y avait de quoi apporter des rations alimentaires quotidiennes suffisantes pour environ dix ou quinze mille personnes. Cette situation a perduré pendant les deux ou trois premiers mois de notre présence. Heureusement, les choses se sont ensuite améliorées. En attendant, nous avons fait ce que l'on fait en général dans ces cas là : nous avons sélectionné une partie de la population, celle qui nous semblait être la plus vulnérable et la plus importante. C'est en cela que réside le deuxième problème que je veux souligner : pour nous, cette sélection s'est faite automatiquement en faveur des jeunes enfants, des enfants de moins de cinq ans, des femmes enceintes et, dans une moindre mesure, des vieillards. Nous ne nous sommes pas posé la question de savoir pourquoi favoriser les enfants et les femmes enceintes ; du moins, si cette question s'était posée, elle aurait trouvé une réponse tout de suite : la protection de l'enfance nous semblait être la priorité. L'enfance se définit par l'innocence, l'enfant est celui qui n'a encore jamais fait de mal à personne, il représente l'avenir. Il n'y a pas d'avenir sans enfants et c'est ce vers quoi l'on doit porter son regard en priorité. Mais d'un point de vue médical, les enfants de moins de cinq ans sont ceux qui présentent la faiblesse naturelle la plus grande. Pour nous, médecins ou soignants, cela allait de soi de s'adresser aux jeunes enfants et à leurs mères ainsi qu'aux femmes enceintes. Dans les centres de nutrition, on accueillait les enfants sévèrement malnutris et, au cours des distributions de nourriture, quand nous allions dans les villages avec notre camion pour répartir la nourriture dans les différents endroits où elle était nécessaire, nous voulions la donner en priorité à ce groupe de population que l'on appelle dans notre vocabulaire « les populations cibles ». Très vite, nous nous sommes aperçu que les jeunes enfants qui sortaient des centres de nutrition après quinze jours de soins intensifs étaient à nouveau malnutris quand ils rentraient chez eux. De même, ceux que nous allions voir dans les villages ne recevaient pas la nourriture que nous leur donnions, nous voyions bien que leur état ne s'améliorait pas. Nous nous sommes rendu compte très rapidement que la nourriture que nous donnions pour les plus faibles était en réalité redistribuée au sein de la famille, que leurs grands frères et leurs grandes sœurs, leurs grands-parents, profitaient plus de cette aide alimentaire que les jeunes enfants.

Cela a véritablement été un choc pour nous ; je me souviens de discussions très dures, de disputes, au sein de l'équipe de MSF, lorsque nous nous retrouvions le soir, une fois la journée de travail terminée. Certains portaient des jugements très sévères sur ces familles qui ne prenaient pas soin de leurs enfants, sur cette société qui était chaotique et immorale. J'avoue qu'à ce moment-là, je n'avais pas d'avis, ma tendance naturelle était d'éviter de porter des jugements moraux, de dire « C'est bien » ou « C'est mal ». J'ai une sorte de méfiance. Mais pour une partie de l'équipe de MSF, c'était incompréhensible. Cette équipe, qui ne comportait qu'une dizaine de personnes, était divisée en deux. Nous étions trois ou quatre à nous demander ce qui se passait, et cinq ou six étaient très choqués, certains voulaient même partir car ils trouvaient que cette population n'était pas digne d'être secourue, qu'elle n'était pas à la hauteur des attentes de la mission de MSF. Ce genre de critiques peut aller très loin. En discutant avec des responsables locaux, en étant plus attentifs et plus ouverts à la façon dont les choses se passaient localement, nous nous sommes alors rendu compte de deux choses.

La première est que, pour ces familles, les enfants trop sévèrement malnutris étaient des enfants condamnés ; cela ne les empêchait pas d'éprouver une très grande tristesse, un chagrin immense face à la mort de leur enfant, mais la priorité doit être donnée à la vie, et cette priorité s'exprimait en redistribuant les vivres au reste de la famille, à ceux qui avaient une chance de survie. Ce n'était donc en aucun cas un manque d'amour ou un manque de compassion, mais plutôt l'expression d'un certain courage face à la nécessité de protéger la vie, et également l'habitude de voir des enfants en si mauvais état mourir à chaque fois. Nous étions, quant à nous, naïfs et incompétents en imaginant que nos pauvres ressources permettraient à ces enfants de survivre.

La deuxième chose, c'est que dans le contexte chaotique de désordre et de violence qui régnait dans la région, ceux qui étaient capables de maintenir un minimum de cohésion sociale, de rassembler les peuples en conflit, de régler un certain nombre de problèmes, c'était les anciens, les vieux. Il fallait donc, pour protéger la structure sociale ou ce qu'il en restait, entretenir la vie de ces vieux qui étaient trop faibles pour subvenir à leurs propres besoins et dont la mort aurait aggravé la violence et mis en danger plus de vies encore. Par conséquent, enlever, si l'on veut, la nourriture à de jeunes enfants condamnés pour la mettre dans la bouche de vieillards qui n'ont plus une très longue vie devant eux, loin d'être un acte condamnable ou immoral, était au contraire un acte parfaitement compréhensible visant à préserver le groupe. Les jugements moraux qui étaient prononcés par les membres de l'équipe étaient des convenances sociales, des habitudes, la reproduction de façons de faire qui sont valables en France, dans un certain contexte, mais qui ne le sont pas dans un autre pays et dans un autre contexte.

Ces deux chocs culturels – politiques, pourrait-on dire – ont été très profonds pour moi, et ont été extrêmement formateurs. Cette expérience, importante, forte, nous a préparé, puisque c'était une expérience collective, à mieux réfléchir à ce que nous faisions, et nous a appris à ne pas tirer de conclusions trop faciles, trop rapides, en transposant nos habitudes culturelles sans prendre garde à la façon dont cela pouvait être reçu dans un pays qui n'était pas le nôtre.

Je termine sur l'Ouganda en précisant que, finalement, ces difficultés liées à la pénurie, à l'insuffisance de vivres par rapport aux besoins très importants de cette région, ont été résolus quelques mois plus tard. Les problèmes n'ont donc pas duré éternellement et, finalement, la question du choix ne s'est plus posée lorsque les vivres sont arrivées en quantité suffisante. C'est une question terrible de choisir qui doit vivre et qui peut mourir ; fort heureusement, ces questions ont disparu du fait de la disponibilité des vivres.

Je vois que je m'attarde un peu ; je vais donc passer à la deuxième situation dont je voulais vous parler et qui, elle, est très récente, puisqu'il s'agit de la disette – une petite famine – qui s'est développée au Niger, il y a exactement un an. Ce problème a provoqué une controverse, une discussion houleuse, qu'il est tout à fait important à comprendre pour saisir les problèmes liés à l'aide humanitaire. Au Niger, l'an dernier donc, nous avons constaté qu'il y avait une famine. Nous ne nous en sommes pas aperçu comme en Ouganda où, en circulant dans le pays, on voyait des gens affamés, des morts le long des chemins, mais parce que les quelques centres de nutrition de MSF, qui se trouvaient dans le sud du pays, étaient de plus en plus submergés par le nombre d'enfants malnutris à partir du mois de février et de façon continue en mars, en avril, en mai. On ne voyait rien à l'extérieur, dans les villages, dans les bourgades, mais, pour vous donner un exemple, dans un centre de nutrition où il y avait habituellement quelques centaines d'enfants moyennement malnutris que l'on aidait médicalement, nous nous sommes retrouvés avec plusieurs milliers d'enfants en l'espace de quelques semaines. Ce sont donc plusieurs dizaines de milliers d'enfants très sévèrement malnutris que nous avons accueillis et soignés au cours des trois ou quatre premiers mois de l'année 2005. La situation était difficile, car nous n'arrivions pas à faire comprendre aux autorités du pays, ni aux autorités internationales actives dans le domaine de l'aide – le Niger est un des pays les plus pauvres du monde, son budget national est en grande partie lié à l'aide internationale, aux pays européens, aux États-Unis et à l'Union européenne – qu'il y avait, sinon une famine, du moins ce que l'on pourrait appeler une « épidémie » de malnutrition très sévère. Il a fallu emmener les responsables dans les centres de nutrition, avertir la presse, accuser ces gens d'indifférence et d'insensibilité à ce qui se passait pour obtenir enfin un résultat. Mais ce résultat n'a pas été simple à obtenir, je vais vous le raconter en quelques mots. Il est très important de connaître ce fonctionnement pour comprendre les mécanismes de l'aide aujourd'hui.

Comme je l'ai dit, le Niger dépend, en grande partie, de l'aide internationale, et une part importante de cette aide arrive sous forme d'aliments : des céréales, de la viande, toutes sortes de vivres, mais surtout des céréales, du riz, du blé, du maïs. Cette aide n'est pas destinée à être donnée, mais à être vendue. C'est d'ailleurs pourquoi, très souvent, on retrouve sur les marchés des sacs de grains sur lesquels il est écrit « Don de l'Union européenne », « Don du peuple américain », « Don de la France », etc. Bien souvent, la présence de ces sacs sur les marchés est interprétée comme le signe du détournement de l'aide : « Vous voyez, on leur donne des choses et ils les vendent alors que c'est fait pour être distribué gratuitement. » Non, cette interprétation est fausse : ces dons sont effectivement gratuits, dans la mesure où le pays ne les achète pas. Leur objectif n'est pas d'être distribués gratuitement mais d'être commercialisés pour faire baisser les prix et servir à ce que l'on appelle le « stock de régulation » : plus on met de céréales sur le marché et plus les prix baissent. Cela permet à des familles pauvres de pouvoir acheter suffisamment de grains par mois pour nourrir l'ensemble de leur famille. C'est notamment utilisé au moment de la hausse des prix, quand les récoltes sont presque entièrement consommées.

Le problème est que cette aide, cette nourriture qui était accessible aux familles n'est pas appropriée aux jeunes enfants. Les enfants de moins de trois ans ont besoin d'aliments un peu spécialisés, de rations protéiques, de vitamines, d'éléments minéraux, qu'ils ne recevaient pas. Comme il y a une très grande pauvreté au Niger, ces enfants ne pouvaient pas être nourris convenablement. Le problème vient donc de ce système d'aide, qui restait commerciale alors qu'elle aurait dû, au moins pendant un temps, devenir gratuite pour que les gens puissent réserver le peu d'argent qu'ils avaient à l'achat de nourriture spéciale pour les enfants. Ce sont donc principalement des enfants de moins de trois ans qui arrivaient dans nos centres de nutrition ; pour la première fois, nous avons vu une famine qui frappait spécifiquement les enfants de cet âge. Au-delà de trois ans, ils peuvent se nourrir d'aliments classiques. C'est donc la raison pour laquelle cette famine était invisible, c'est aussi la raison pour laquelle nous n'avons pas de mots pour la définir, que nous ne savons pas très bien comment l'appeler : épidémie de malnutrition, disette, famine infantile, etc. C'est un phénomène relativement récent.

Dans ce contexte assez dur, nous avons vu apparaître un élément nouveau. Nous avons pu, grâce à la mobilisation des médias, grâce aux critiques que nous avons faites contre ce système d'aide commercial, aboutir à un résultat. De plus, grâce à un travail en commun des nutritionnistes africains et européens, il a été possible de mettre au point un aliment spécial pour les enfants, qui produit de véritables miracles. La composition de ce produit est assez simple, puisqu'il est fait d'arachide, de mil, d'huile de palme, donc d'aliments disponibles sur l'ensemble du continent africain et dans l'ensemble du tiers monde. Ces aliments permettent d'obtenir une pâte, enrichie avec d'autres produits pour qu'elle ait une plus grande valeur nutritive. La mauvaise nouvelle, c'est qu'il y a eu des dizaines de milliers d'enfants qui ont été malnutris à cause du refus des autorités de l'aide humanitaire d'admettre qu'il y avait là une famine spécifique ; la bonne nouvelle, malgré tout, est que l'immense majorité de ces enfants a pu être sauvée grâce à la mobilisation de la presse, des organisations humanitaires et que cela a permis de fabriquer et de distribuer ce produit alimentaire spécifique qui est véritablement miraculeux.

Cet exemple permet de voir la limite de l'aide humanitaire ; c'est ce que nous allons aborder maintenant. Nous sommes en ce moment au mois de mars ; ce mois est important car c'est la période de la « soudure ». La soudure, cela veut dire que la récolte précédente a été entièrement consommée et que la récolte suivante n'est pas encore disponible. Il y a une période économiquement très difficile pour les parties les plus pauvres de la population, celles qui n'ont pas d'économies, pas d'autres ressources que cela. Nous ne savons pas ce qui va se passer cette année. Pour l'instant, il n'y a pas d'indicateurs particuliers, mais peut-être que dans un mois, une épidémie de malnutrition va se déclarer et nous allons alors nous poser la question de savoir s'il faut agir. La question est donc de savoir s'il faut répéter tous les ans cette même opération : ouvrir des centres de nutrition, amener des équipes, pour ensuite les fermer et laisser la vie reprendre son cours, ainsi de suite année après année. Ce problème dépasse la question de l'aide humanitaire, cela touche les mesures politiques et économiques, les réformes agraires, les changements de techniques de production agricole, bref, des questions politiques au sens le plus concret et le plus général du terme. Ce sont des questions pour lesquelles les organisations humanitaires ne sont pas compétentes ; à mon avis, elles n'ont pas à se prononcer sur ce sujet.

Le Niger est un pays qui s'est démocratisé, dans lequel il existe une opposition, une presse libre, un parlement, etc. Il existe également une « coalition contre la vie chère » qui regroupe plusieurs partis d'opposition : c'est le véritable problème qui se pose. La vie trop chère a, entre autre, été la cause de cette famine. Mais c'est à ce moment-là que les compétences des organisations internationales, c'est-à-dire les capacités d'action humanitaires étrangères, s'arrêtent et que d'autres doivent s'occuper du problème. Nous ne sommes pas là pour établir le programme politique d'un pays, pour dire s'il faut aller dans une direction ou dans une autre, comme cela se passait à l'époque de la colonisation, dont on est heureusement sorti. Nous, nous sommes là pour éviter qu'il y ait trop de morts, pour aider les gens à passer un moment difficile, mais en aucun cas pour écrire leur histoire ou pour programmer leur vie. C'est une ligne qui n'est pourtant pas toujours facile à tenir, la tendance naturelle est de donner des leçons, de dire qu'il faut faire comme cela, de se mettre en position d'autorité morale et politique alors que personne ne nous a nommés pour cela, personne ne nous a élus, et que nous n'en avons ni la compétence ni la légitimité.

Je vais terminer en rappelant que l'aide humanitaire peut être très compliquée. Cela peut même, parfois, être dangereux, il peut arriver que nos actions, contrairement à nos intentions, fassent du mal. C'est un peu comme un médicament : moi qui suis médecin, je suis habitué au fait que certains médicaments, s'ils soignent, peuvent aussi faire du mal. Ce n'est pas une idée très originale, mais c'est une idée qui n'est pas toujours suffisamment prise en compte, qui n'est pas toujours suffisamment présente à l'esprit de ceux qui se sont engagés dans l'aide humanitaire ou de ceux qui la soutiennent. Mais c'est une idée essentielle, car c'est uniquement en l'ayant en tête que l'on peut corriger ses erreurs, que l'on peut faire attention aux préjugés, aux idées toutes faites, qui sont trompeuses, et que l'on peut être respectueux des gens que l'on cherche à aider.

Si l'aide humanitaire n'est pas nécessairement le plus beau métier du monde – il y a bien d'autres très beaux métiers dans le monde, et ces petites conférences, comme on les appelle, sont l'occasion d'en découvrir bien d'autres –, c'est tout de même une activité – j'ai du mal à en parler comme d'un métier – qui est très souvent enthousiasmante, gratifiante, qui donne beaucoup de plaisir. Bien souvent, à la fin de la journée, on sait ce que l'on a fait, on a le sentiment d'avoir été utile. C'est aussi une activité qui permet – je n'ai fait qu'effleurer le sujet au cours de cette conférence – de rencontrer toute sorte de gens différents, que ce soit des paysans de l'Ouganda, des chefs traditionnels du Niger, des responsables politiques, des journalistes, des chefs de guerre, parfois. Je n'ai pas beaucoup parlé de la guerre, sauf en ce qui concerne l'Ouganda, mais j'ai eu l'occasion de fréquenter beaucoup de chefs de guerre et ce ne sont pas, loin de là, des gens qui ne rêvent que de verser le sang ; ce sont aussi des gens qui combattent, qui luttent pour une transformation sociale. L'humanitaire est une aventure humaine, intellectuelle et morale très gratifiante.

Questions/Réponses

Je voudrais revenir sur le dernier point que vous avez abordé, sur le bien et le mal que peut apporter l'aide humanitaire. Je me pose la question de savoir quelle est votre position par rapport à ces pays d'Afrique dans lesquels le peuple souffre d'une misère effroyable alors qu'il y a beaucoup de richesses, tenues par des dirigeants corrompus qui ne se préoccupent pas du tout de la misère des habitants. Quelle position pouvez-vous avoir ? À partir du moment où l'aide humanitaire prend en charge la misère, puisqu'il y a des gens pour s'occuper des plus pauvres, les dirigeants continuent-ils leur trafic ? Pouvez-vous, en tant que médecin, être totalement détaché de la politique ? J'aimerais également savoir – c'est ma deuxième question et elle est liée à la misère de cette population en partie due au fait qu'elle est très nombreuse – quelle est votre position en ce qui concerne le contrôle des naissances ?

Je répondrai tout d'abord à la deuxième question, car elle est très simple. Nous n'avons pas de position par rapport au contrôle des naissances. La raison de cette position est liée à notre rapport à la politique. En ce qui concerne votre question sur la misère, elle touche un problème absolument central : l'idée de faire reculer la misère, d'établir une justice sociale dans le respect de la liberté, est une idée fondamentalement politique. La justice et la liberté sont les questions politiques par excellence, qui nous concernent tous en tant qu'individus et qui nous concernent très peu en tant qu'organisation humanitaire. Nous pouvons aider les gens qui sont plongés dans une situation de détresse et j'espère avoir montré à travers deux exemples très spécifiques que nous le faisons. J'aurais aussi pu vous parler des réfugiés, des guerres, mais le temps manquait, et j'espère avoir montré qu'il est possible d'apporter de l'aide et que cela rend d'immenses services. Mais c'est une toute autre chose de chercher à faire reculer la misère. Les organisations humanitaires ne font pas reculer la misère ; je pense que celles qui l'affirment se nourrissent d'illusions et bercent le monde qui les écoute de ces mêmes illusions.

Je terminerai ma réponse en donnant l'exemple d'un pays que je connais relativement bien, car j'y ai souvent travaillé : l'Angola. L'Angola est un pays extrêmement riche. Il a des ressources agricoles nombreuses, des ressources minières importantes – on trouve en particulier des diamants de très grande qualité –, des ressources pétrolières immenses – on parle de l'Angola comme du « Koweït de l'Afrique ». Ce pays est l'exemple même de ce que vous évoquiez, c'est un gouvernement violent et corrompu. Nous avons travaillé vingt ans en Angola, j'ai fait moi-même plusieurs missions exploratoires dans ce pays que, par ailleurs, j'aime beaucoup. Ces vingt ans correspondaient aux vingt années de guerre. Tant que le pays était en guerre, nous avions un rôle spécifique pour les raisons que j'ai abordées tout à l'heure. Notre statut d'étranger, d'européen, éventuellement de

Blanc, mais pas uniquement, nous protégeait de la guerre civile ; celle-ci ne nous concernait pas et chacun des belligérants, des acteurs de la guerre, le savait. Nous pouvions donc travailler et nous rendre utiles, auprès des centaines de milliers de personnes déplacées, auprès des gens affamés et des blessés. La richesse de ce pays ne lui aurait de toute façon pas permis de répondre à ces problèmes.

Mais quand la guerre s'est terminée, nous avons quitté le pays. Ce fut difficile, car quitter un pays après vingt ans de présence, c'est rompre des liens affectifs, des habitudes qui ont été prises, et c'est douloureux. Cela peut paraître bizarre, mais il y a une forme d'attachement qui s'installe et qui empêche de partir facilement d'un pays. De plus, de nombreuses personnes disaient que, certes, la guerre était terminée, mais que beaucoup de gens avaient encore besoin de notre aide. Certains ont pu avoir l'impression que, puisque la guerre était finie, on s'en lavait les mains. Mais nous étions quelques-uns à défendre la position que, en dépit des difficultés qui subsistaient, il fallait partir. La question de la justice sociale, de la lutte contre la misère, de la répartition des richesses, c'est aux Angolais de s'en charger et à personne d'autre. Nous n'avons pas à installer un décor qui ferait croire que cela peut être autrement. Malgré les difficultés psychologiques et morales que l'on peut avoir à dire « stop », il est nécessaire de savoir arrêter l'aide. Ce n'était plus notre problème mais celui des Angolais et c'est à eux de trouver la solution à leurs problèmes.

Comment êtes-vous prévenu quand il y a la guerre ?

Quand il y a la guerre, nous pouvons être prévenus de deux façons. D'une part, nous pouvons être prévenus par nos propres équipes, car Médecins sans frontières est devenue une association internationale. Nous sommes présents dans presque quatre-vingt pays et il n'y a pratiquement pas une région à travers le monde où il n'y ait pas d'équipe MSF. Nous avons donc maintenant notre propre réseau d'information car MSF est devenue une grande organisation. Par contre, lorsque tout à l'heure je vous parlais de l'Ouganda, quand la guerre a éclaté nous avons été prévenus par la presse. La lecture des journaux reste un moyen absolument essentiel pour s'informer. Je le dis d'autant plus que l'on reproche souvent à la presse – ce qui est parfois justifié – de s'intéresser trop à ce que disent les autres journaux et pas assez à ce que la réalité impose. Mais aux jeunes citoyens qui sont ici, je rappelle que la lecture de la presse est un acte très important, c'est la recherche de l'information, pas seulement pour agir, comme c'est le cas pour une organisation humanitaire, mais également pour comprendre. C'est une dimension très importante de l'action.

À la création de Médecins sans frontière, quelle était votre ambition ?

MSF est la première organisation professionnelle. Cela peut sembler étrange de le dire comme ça, mais dans Médecins sans frontière, il y a « médecins ». Ce qui était original dans la création de MSF, c'était de rassembler les membres d'une profession pour leur permettre d'exercer leur métier dans d'autres conditions que d'habitude. Avant MSF, il y avait de nombreuses organisations d'entraide et de solidarité, qui étaient excellentes et qui existent toujours pour une bonne part d'entre elles. Elles organisaient l'aide et les secours de façon générale et, lorsqu'il y avait des besoins médicaux, elles faisaient aussi de la médecine.

Mais pour faire de la médecine, il est vraiment préférable d'avoir une organisation médicale. C'est compliqué de faire de la médecine, on ne peut pas s'installer quelque part, décider que l'on est médecin et que l'on va agir comme tel. Il faut recevoir des médicaments, former des gens, assurer la continuité des soins, remplacer le matériel usé et bien d'autres choses encore. Cela demande donc une organisation spécifique, qui fait défaut aux associations qui ne sont pas exclusivement destinées à cela. L'ambition première des fondateurs de MSF était de fournir aux médecins qui travaillent dans des organisations humanitaires un cadre et des moyens qui leur permettent d'exercer leur métier correctement malgré les conditions difficiles, car l'aide humanitaire se fait surtout dans des situations de violence, de chaos, de crise très profonde. Voilà à quelle ambition répondait la création de Médecins sans frontière.

Vous avez dit que vous aviez des enfants, est-ce possible de faire de l'humanitaire en ayant une famille ?

C'est une question un peu difficile. Mes enfants ne seront pas du même avis que moi. Maintenant, ils sont grands, ils ont accepté. Mais j'ai eu des enfants assez tard, cela faisait déjà plusieurs années que j'étais engagé dans l'action humanitaire, et je dois dire que je ne les ai pas vus assez souvent quand ils étaient petits. Je ne sais pas si c'était un choix, mais il est certain que cela a été un problème.

L'aide humanitaire est-elle toujours bénévole ou les membres sont-ils parfois salariés ? Car si ce n'est que bénévole, comment faites-vous pour subvenir à vos propres besoins ?

C'est une bonne question. L'aide humanitaire est bénévole lorsqu'il s'agit d'engagements très courts. Si, par exemple, on envoie un spécialiste pour résoudre un problème ou faire une enquête pendant deux ou trois semaines, il sera bien souvent bénévole. Mais tous les gens qui partent six mois ou un an dans un pays, ou ceux qui partent plusieurs fois de suite, il faut, bien entendu, qu'ils gagnent de quoi subvenir à leurs besoins, en particulier si l'on ne veut pas recruter uniquement des marginaux ou des fils à papa. Depuis dix ans – je crois que cela a été mis en place par le gouvernement Rocard en 1991 –, il existe un statut de volontaire qui permet de payer les gens dans un cadre légal. Ce statut n'est pas exactement celui des salariés en France mais il permet d'avoir des avantages sociaux comme des droits à la retraite, ce qui est fondamental quand on n'est pas assez riche pour pouvoir se le payer soi-même – et c'est le cas de l'immense majorité des volontaires de l'aide humanitaire.

J'aurais deux questions. La première concerne ce qui se passe actuellement au Kenya, où la presse annonce une famine mais où l'aide n'arrive pas. J'ai du mal à comprendre quels peuvent être les problèmes de transport, pourquoi il n'y a pas d'aide internationale. Ensuite, vous parliez tout à l'heure de l'aide alimentaire commerciale qui devrait être, en cas d'urgence sanitaire, gratuite ; par rapport à cela et à la question du sida en Afrique, quelle est votre position sur les antirétroviraux et leur gratuité ?

Pour l'essentiel, je dirais que ce qui se passe actuellement au Kenya, et dans l'ensemble de l'Afrique de l'Est, est lié à des situations de tentions politiques à la frontière de l'Éthiopie et de la Somalie. Ces régions sont, depuis toujours, considérées comme marginales par le gouvernement kenyan et, en dépit du fait que le Kenya est un pays assez riche sur le plan agricole, sur le plan des infrastructures et sur le plan touristique, il a fait le choix, me semble-t-il, de ne pas s'intéresser à cette région du nord-est du pays. Je crois que la situation critique qui est en train de se développer actuellement au Kenya est en premier lieu liée à la responsabilité du gouvernement kenyan.

Dans un deuxième temps, les organismes d'aide sont également responsables, et je dois avouer qu'au moment où nous parlons, je n'ai pas énormément d'informations sur la situation. Je sais plus ou moins que des discussions sont en cours, que des pressions sont faites et que ce que l'on appelle les « bailleurs de fonds », les donateurs – les pays riches et les grandes institutions internationales –, veulent pousser le Kenya à réagir en l'aidant. Il s'agit d'encourager un gouvernement à réagir lui-même et non de réagir à sa place. Cette attitude me semble saine. Le problème, évidemment, est que pendant ce temps-là, des gens souffrent. On est toujours pris entre plusieurs tensions – ce qui peut prendre l'allure d'un chantage –, entre d'un côté des gens qui souffrent jusqu'à, parfois, en mourir et, de l'autre, les risques d'agir à la place des responsables et de les déresponsabiliser. C'est un dilemme auquel l'aide est confrontée en permanence. Celui-ci est relativement effacé dans les situations de conflit aigu. À ce moment-là, le rôle des intervenants étrangers est beaucoup plus clair car, comme nous l'avons dit, c'est justement parce qu'ils sont étrangers qu'ils sont utiles. Ce n'est pas parce qu'ils sont meilleurs, parce qu'ils sont plus gentils, plus moraux ou plus compétents, mais parce qu'ils sont neutres ; c'est le principe même du fonctionnement de la Croix-Rouge internationale dans les situations de conflits. Dans les situations de disette ou de pénurie alimentaire localisées, comme ce qui se passe actuellement au Kenya, c'est aux autorités locales et nationales de se manifester en priorité ; les apports étrangers sont parfois dangereux à moyen terme. Ils sont utiles à court terme, mais ils comportent de nombreux dangers économiques en ce qui concerne la production alimentaire, donc en ce qui concerne la vie et la survie des populations. Le dilemme est vraiment difficile. Pour l'instant, je crois que nous sommes dans la période des pressions sur le gouvernement.

Pour ce qui est du sida, ma réponse sera plus simple. Je pense que le sida est un problème à différents niveaux. C'est un problème humain terrible, les dégâts pour la vie humaine sont immenses. C'est aussi un grave problème économique ainsi qu'un problème de sécurité sanitaire globale. Les épidémies, les maladies sont sans frontières, alors que la médecine, elle, peine parfois à franchir les frontières, comme je l'ai expliqué tout à l'heure. À ces trois niveaux, une même réaction peut déjà être proposée : la mise en place de dispensaires, de structures de soins efficaces, car les antirétroviraux sont une véritable révolution dans la thérapeutique du sida et que je pense qu'il n'y a pas à hésiter, la gratuité est indispensable.

Je parle ici de gratuité, mais je tiens à préciser que je ne suis pas un partisan des soins gratuits en général. Je pense que, cette situation présente suffisamment de particularités et qu'elle est un enjeu suffisamment important pour que la réaction soit beaucoup plus déterminée et beaucoup plus vive que pour nombre d'autres maladies. Il est aujourd'hui indispensable de mettre en place des structures de soins équipées pour le suivi des patients atteints du sida et de donner gratuitement les antirétroviraux.

Je voulais savoir s'il faut absolument être médecin pour faire du bénévolat dans l'humanitaire, et surtout à partir de quel âge peut-on commencer à partir en mission.

Non, il ne faut pas absolument être médecin. Même à MSF, il y a quatre catégories professionnelles différentes.

Il y a des médecins, évidemment, qui représentent à peu près un tiers du personnel, il y a des paramédicaux, essentiellement des infirmiers et des infirmières, des laborantins, des techniciens sanitaires, qui forment le deuxième tiers ; les gens qui soignent représentent donc les deux tiers du personnel de MSF.

Et il y a un troisième tiers du personnel, qui est non-médical et qui est composé de deux professions : les administrateurs et les logisticiens. Les administrateurs s'occupent des comptes, de la gestion du personnel, de la dimension bureaucratique, car il faut nécessairement rendre des comptes et gérer le personnel. Ce sont des gens qui ont des compétences en gestion, en comptabilité, en administration. D'autres s'occupent de la logistique. C'est probablement l'activité la plus ouverte, parce que la logistique peut certes être un métier dans certains cas, mais c'est aussi, bien souvent, un état d'esprit. Cela demande d'avoir un goût pour résoudre les problèmes pratiques, de savoir organiser un garage pour réparer les véhicules, d'organiser les systèmes de transmission radio pour garder des contacts avec des équipes éloignées, d'organiser le dédouanement des marchandises, l'approvisionnement des équipes de terrain, de retaper les murs des dispensaires, des hôpitaux ou des centres de nutrition, qui doivent être organisés selon des schémas bien précis. Les logisticiens sont chargés de ces constructions et de leur entretien. Pour cela, il y a des compétences qui ne nécessitent pas vraiment de diplômes. Il faut savoir animer une équipe, avoir un grand sens pratique, aimer régler des problèmes matériels. Être logisticien, c'est un vrai savoir-faire professionnel, mais qui ne correspond pas vraiment à une formation spécifique, à la différence des autres professions.

Il y a également des techniciens agricoles, des techniciens vétérinaires, des économistes ou des gens qui ont une compétence dans le domaine de l'économie. Ce qui est généralement nécessaire dans l'humanitaire, c'est d'avoir une connaissance, un savoir-faire spécifique, de pouvoir amener une pratique. Il faut aussi, de préférence, avoir déjà un métier. Penser que l'on peut partir à 18 ou 20 ans, c'est-à-dire avant d'avoir acquis une véritable expérience professionnelle, c'est illusoire, il faut d'abord connaître son métier pour pouvoir partir.

Comment savez-vous que vous devez intervenir dans un pays et qu'il est temps d'arrêter ?

Très bonne et très difficile question. Savoir quand on doit intervenir, c'est la partie qui pose le moins de problème pour une organisation comme MSF ou pour les organisations qui se définissent comme des organisations humanitaires. Nous intervenons à partir du moment où il y a une crise, c'est-à-dire des événements graves qui créent de nouveaux besoins. Les dispensaires, les écoles ou les structures sociales habituelles ne sont plus en état de marcher avec les ressources locales ; il faut alors une aide extérieur pour leur permettre de fonctionner. Il s'agit, par exemple, des camps de réfugiés, des situations de famine, d'épidémie, de guerre, et même, parfois, de plusieurs de ces situations en même temps. Ce sont donc les circonstances de début. Cela peut durer six mois, deux ans, dix ans ; j'ai parlé de l'Angola, tout à l'heure, dont nous ne sommes partis qu'après vingt ans.

Le moment où l'on doit partir, c'est, par définition, le moment où la crise qui a entraîné, au départ, l'arrivée de l'organisation humanitaire prend fin. Mais ce n'est pas toujours facile de savoir à quel moment elle s'arrête. Il y a donc une période, quand la guerre se termine, qu'il y a un accord de paix, ou quand l'épidémie diminue, que le nombre de cas devient plus faible, où l'on se dit qu'il faut commencer à diminuer le nombre de personnes présentes et le poids de l'action. Puis vient un moment où l'on se dit que ce n'est plus à nous d'agir. Comme je le disais tout à l'heure pour l'Angola, c'est au pays, à la population et à la société locale de prendre le relais. On agit sur une impression d'ensemble à partir de certains indicateurs. Par exemple, la mortalité infantile ou la mortalité tout court, sont des indicateurs que l'on appelle démographiques, qui permettent de mesurer l'état sanitaire et qui donnent une idée de l'état social d'une population. Ces indicateurs, ainsi que l'analyse de la situation d'ensemble, nous permettent de dire, à ce moment là, que l'on doit partir. Mais cela provoque toujours des discussions très vives, il y a toujours des gens qui disent que c'est trop tôt, qu'il faut rester encore six mois, encore un an, etc.

Est-ce que les gens veulent qu'on les soigne et est-ce que l'on intervient de la même façon dans tous les pays ?

Oui, les gens veulent qu'on les soigne. Certains sondages, certaines enquêtes d'opinion ont montré que les questions de santé étaient les préoccupations majeures de l'ensemble de l'humanité. Tous les êtres humains dans le monde sont soucieux de leur santé. Vouloir être soigné, c'est une attente générale. Mais ce n'est pas aussi simple que ça, il faut se poser la question de savoir qui peut soigner. Nous, les médecins occidentaux, nous avons l'habitude de considérer que nos méthodes de soins, les diagnostics que nous faisons, l'utilisation des antibiotiques, la façon dont on décrit les maladies et dont on déduit un traitement depuis le diagnostic, sont la seule forme de médecine qui soit universelle et valable. Mais avec l'expérience, aussi bien en France qu'à l'étranger, on s'aperçoit que la question ne se pose pas de la même façon du point de vue du malade. On voit qu'il y a plusieurs formes de médecines et que les gens choisissent celle qui leur convient. Finalement, la bonne position, c'est de proposer une forme de soins, mais de ne pas entrer en concurrence avec les formes de soins préexistantes, comme les médecines traditionnelles. Si les gens apprécient ces techniques, il faut qu'ils puissent les utiliser. Bien souvent, l'expérience prouve que les gens savent à quelle type de médecine ils doivent s'adresser. Les médecins occidentaux ont souvent horreur d'être mis en concurrence avec ces techniques traditionnelles, qu'ils ne considèrent pas comme de la médecine. Mais on s'habitue très bien à cette situation, je peux en témoigner et un minimum de lucidité sur ses propres limites permet de comprendre pourquoi des gens vont voir ce que l'on appelle, en fonction de l'idée que l'on s'en fait, un guérisseur ou un charlatan.

Combien de temps êtes-vous resté sur le lieu de la mission exploratoire en Angola ?

J'ai fait plusieurs missions en Angola, mais la première a duré trois mois. C'était plus long que la durée habituelle d'une mission exploratoire, qui est classiquement d'une quinzaine de jours, ce qui est en général suffisant pour déterminer quels sont les besoins et voir de quelle façon on va s'organiser. Mais cette fois-là, j'étais dans le sud de l'Angola, dans une région très difficile d'accès, en pleine guerre civile. J'avais en réalité terminé ma mission au bout d'un mois, d'un mois et demi, mais je ne pouvais pas repartir, j'étais coincé. Je suis donc resté trois mois pendant lesquels j'ai travaillé, car je pouvais tout de même faire mon métier.

Je voudrais savoir d'où provient le financement qui vous est nécessaire.

Si vous parlez de Médecins Sans Frontière, le financement provient à 85 % du public, c'est-à-dire de dons individuels, et à 15 % d'institutions internationales, principalement de l'Union européenne. Mais MSF, qui s'est donné pour mission d'intervenir surtout dans les situations de conflits et parfois de s'exprimer publiquement, de critiquer quand on estime qu'il y a quelque chose à critiquer, est très soucieuse de son indépendance. Le choix de se financer auprès du grand public est donc un choix stratégique, qui fonctionne pour l'instant ; le public répond et j'espère que cela va durer.

Je vais vous poser une question qui va peut-être vous sembler un peu bête, mais je voudrais savoir si vous avez déjà eu très peur, pour vous, pour votre vie, lors de vos missions ?

Je souhaiterais également vous poser une deuxième question : quand il y a plusieurs organisations humanitaires présentes en même temps, arrivez-vous à travailler ensemble, cela pose-t-il des problèmes, y a-t-il de la compétition entre les ONG ?

Et enfin, je voudrais aborder la question du tsunami et la grande surprise que l'on a eue d'entendre sur les ondes, à la radio, que MSF n'avait plus besoin d'argent. Moi, quand je donne de l'argent à MSF, c'est pour tout le monde, ce n'est pas uniquement pour l'Indonésie ou pour l'Afrique, mais pour la misère en général ; cette décision pouvait donc être un peu surprenante. Je trouve en même temps que c'est une position intéressante. Moi, en tout cas, ça m'a plu.

Si j'ai eu peur, oui, bien sûr. J'ai même parfois eu très peur. J'ai passé les premières années de ma vie à MSF dans des situations de conflits ; je me suis donc trouvé pris dans la guerre, dans des conflits violents. Évidemment, j'ai eu parfois très peur. Sur le moment, la situation est difficile, mais on le supporte bien car on est volontaire. C'est une peur que l'on aborde différemment si l'on est brutalement plongé dans une guerre alors que l'on ne s'y attendait pas, ce qui arrive quand, par exemple, vous travaillez dans un camp de réfugiés, dans une situation paisible, et que la guerre qui se trouve juste de l'autre côté de la frontière, pour une raison ou pour une autre, déborde. Vous pouvez alors vous retrouver pris dans un déluge de violence alors que vous ne vous y attendiez pas ; c'est beaucoup plus difficile à gérer que lorsque l'on est parti en ayant conscience de la situation. La peur est une chose, la façon dont on la vit en est une autre. Même si l'on était volontaire et que l'on savait à quoi s'attendre, c'est toujours plus difficile que ce que l'on imagine, car l'idée que l'on a de la guerre et la réalité sont toujours deux choses différentes. Malgré tout, on résiste mieux, on contrôle mieux sa peur quand on est volontaire pour ce genre de situation.

En ce qui concerne le travail en commun dans des situations d'urgence, il y a toujours de la compétition et une certaine pagaille, notamment au début. Par exemple, lorsqu'une situation est fortement médiatisée et qu'elle attire de nombreuses ONG, on peut voir des scènes assez désolantes, des rivalités ridicules. Ce sont des situations détestables et très embarrassantes, mais je ne sais pas comment on peut éviter cela. Même lorsque la situation est fortement médiatisée, une organisation humanitaire ne peut pas se contenter de savoir que d'autres agissent. Si elle existe, c'est qu'elle croit qu'elle a de bonnes raisons d'exister. Il faut que vous alliez vous mettre à l'épreuve de la réalité, il faut que vous interveniez et que vous soyez là. Vous êtes là, ainsi que d'autres, vous voulez travailler car vous pensez que vous avez un véritable service à rendre, que vous pouvez être utile. D'autres le pensent également et cela entraîne des frictions. C'est une situation tragique, car il n'y a pas de solution. Mais au bout de quelques semaines, les choses s'arrangent d'elles-mêmes : ceux qui n'ont vraiment rien à faire là finissent par partir, et ceux qui restent sont décidés à travailler et à le faire en intelligence avec les autres. Il peut encore y avoir des frottements, des désaccords ; l'aide, c'est beaucoup plus compliqué qu'il n'y paraît. Certains désaccords sont légitimes, car il ne peut y avoir d'aide à grande échelle sans débat, sans confrontation d'idées, d'opinions, de conceptions, y compris au sein même des organisations.

On discute beaucoup dans les organisations humanitaires, parfois même assez violemment, car nous sommes passionnés, nous voulons avancer et c'est loin d'être simple. Faire des choix, c'est éliminer d'autres options. En règle générale, j'ai pu constater qu'après un moment d'intense compétition, de chaos, de pagaille au démarrage, les choses se règlent en l'espace de deux mois ; il y a une espèce de période magique. Les choses se transforment au bout de deux mois car il n'y a plus d'hypermédiatisation ; on travaille alors dans des conditions plus apaisées, même si les besoins sont très pressants, on s'habitue les uns aux autres, on se connaît, on se répartit le travail. Bref, c'est humain, tout simplement, et on finit par mettre en place une organisation commune. Parfois, grâce aux outils informatiques, on met en place un petit bulletin d'information locale ou, si on a une connexion Internet, un bulletin électronique qui permet de faire le point chaque semaine. On organise également des réunions de coordination. Peu à peu, la confiance s'installe, même dans les désaccords. Je ne veux pas noircir le tableau mais je ne veux pas non plus nier qu'il existe des frictions, principalement au départ, ainsi qu'une certaine compétition pour le travail et les ressources, pour l'image publique et les financements. Heureusement, la question se pose différemment pour MSF car nous n'avons pas besoin des financements publics, ce qui n'est pas le cas de beaucoup d'autres organisations, qui doivent aller vite pour avoir un programme à présenter aux administrations concernées.

En ce qui concerne le troisième élément de votre question, je conçois que la position de MSF était, sans doute, difficilement compréhensible. Elle s'explique pourtant simplement. Lorsqu'un appel est lancé pour une situation donnée ou lorsque vous répondez à une sollicitation particulière, vous avez deux possibilités : soit vous envoyez un chèque au nom de l'organisation, soit vous faites ce que l'on appelle des « dons affectés » grâce, par exemple, à une boîte postale spécialement ouverte pour répondre à une catastrophe, ou, dans le feu de l'action, des chèques rédigés à l'ordre de « MSF Tsunami » ou « MSF Asie du sud-est ». Dans le premier cas, l'organisation est libre d'utiliser cet argent où bon lui semble en fonction de ses possibilités, et c'est, comme vous le disiez, un acte de confiance. On rend bien sûr des comptes ensuite, mais sur le moment, on répartit les moyens en fonction des besoins. Dans le second cas, la situation est différente ; nous n'avons pas le droit d'utiliser ces dons pour autre chose que l'objectif pour lequel ils ont été donnés. Nous n'avons pas de liberté quant à l'affectation des ressources collectées pour un objectif précis. C'est la raison pour laquelle, devant l'afflux énorme de dons que l'on recevait, MSF a décidé de dire que, en ce qui concernait le tsunami, nous avions largement assez d'argent. Nous en avions déjà trop au bout d'une semaine, compte tenu du fait que bien d'autres organisations étaient déjà mobilisées et que, pour le dire globalement, 90 % des besoins immédiats des populations sinistrées étaient couverts par le voisinage, ce que personne n'arrivait à dire, semble-t-il, et que personne n'arrivait même à concevoir. C'était le cas en Indonésie, au Sri

Lanka, comme c'est d'ailleurs très souvent le cas dans toute catastrophe naturelle. Vous pouvez tout de même apporter des compléments, une aide d'urgence qui est évidemment utile, mais là, au bout d'une semaine, il y en avait dix fois trop, et au bout de deux semaines, c'était cent fois trop. Le tsunami a été un terrible gaspillage ; c'est triste à dire, mais c'est la réalité.

C'est pour éviter ce gaspillage, mais aussi pour être à la hauteur des relations de confiance que MSF veut établir depuis toujours avec ses donateurs et avec ceux qui nous soutiennent, que cette annonce a été faite. J'étais là quand la décision a été prise ; on s'attendait, bien sûr, à ce que cela pose des problèmes, mais j'étais loin de penser, de même que les responsables de MSF, que cela soulèverait de telles polémiques. J'étais convaincu que les organisations qui ont une certaine expérience des secours d'urgence en viendraient très vite à reconnaître que cet élan de solidarité était formidable, mais qu'il était nécessaire de l'utiliser également pour d'autres situations. Il fallait conseiller aux gens de continuer à donner s'ils le voulaient, mais pas pour le tsunami. Je pensais que cette dynamique allait s'enclencher, mais pour des raisons qui tiennent plus à des personnalités, à des individualités, excusez-moi, à des « cocottes » de l'aide humanitaire qui ont eu des réactions stupides et hystériques, cela n'a pas été le cas.

Ma question est liée à ce que vous venez de dire. Je voudrais savoir pourquoi il y a deux ONG : Médecins du monde et Médecins sans frontière. Quels sont leurs buts, y a-t-il une différence ; sur quels principes, identiques ou différents fonctionnent-elles et pourquoi ont-elles été créées pratiquement au même moment ? Comment fonctionnent ces deux ONG, interviennent-elles au même moment, partent-elles au même moment, avez-vous des coordinations entre vous, sachant que ces deux ONG ont été créées en France ?

Oui, elles sont toutes les deux nées en France, mais l'une, Médecins du monde, est très active en France, et l'autre, Médecins sans frontière, y est très peu active. Le terrain d'action privilégié de Médecins sans frontière, c'est le monde et surtout le tiers-monde, ce qui est moins le cas pour Médecins du monde. La raison de l'existence de ces deux organisations est historique.

MSF a été créée à la fin de l'année 1971, dans l'idée d'organiser une réponse médicale à des situations de crise majeure, essentiellement des conflits, mais également des catastrophes naturelles. Les premières années ont été celles du tâtonnement ; en fait, ça ne fonctionnait pas du tout. La belle idée buttait contre toutes sortes d'obstacles qu'il serait trop long de détailler ici, mais qui l'empêchaient de se développer. Une des raisons était qu'à l'époque, on ne parlait que de « développement », et que l'aide humanitaire n'était pas considérée comme quelque chose d'utile, de noble, mais plutôt comme de la poudre aux yeux. Au bout de quelques années, des actions ont tout de même pu se mettre en place, notamment pendant la guerre du Liban. Les premières équipes de MSF ont commencé à se rendre utile au Liban, puis dans des camps de réfugiés au Zaïre, à Djibouti. La question de savoir comment structurer tout cela s'est alors posée.

Un débat interne a entraîné l'éclatement de MSF. Pour certains membres de MSF, et en particulier pour le plus connu d'entre eux, Bernard Kouchner, la leçon à tirer de ces premières années difficiles, c'est qu'il y avait bien assez d'organismes d'aide, mais qu'ils étaient sourds et aveugles et qu'il fallait les guider. Le monde humanitaire existant déjà dans les 1960 et 1970, les organismes d'aide présents étaient, selon lui, capable d'apporter les réponses nécessaires : La Croix-Rouge, l'OMS, l'UNICEF, Terre des Hommes, Save the Children, OXFAM, Care, etc. Finalement, selon Kouchner et le groupe qu'il incarnait, les médecins n'avaient pas un grand rôle à jouer, leur rôle primordial était d'alerter l'opinion. Il était donc plus utile, pour lui, de former un comité qui devait alerter l'opinion, la presse, et lancer l'action pour faire venir à sa suite les grandes organisations qui disposaient de la logistique, des moyens financiers et des compétences techniques. C'était d'ailleurs relativement en contradiction avec l'ambition initiale, mais cela fait partie des tâtonnements du début.

L'autre groupe, celui dans lequel je me trouvais – mais j'étais à ce moment-là sur le terrain, je n'ai pas participé directement à la querelle –, disait : « Nous commençons à avancer, nous commençons à constituer un savoir-faire, il faut se structurer et donc créer une organisation. » C'est ce que le premier groupe ne voulait pas, estimant qu'il ne fallait pas ajouter une organisation supplémentaire, qu'il fallait simplement stimuler les organisations existantes. Nous, nous estimions au contraire qu'il fallait créer une organisation. Cela peut paraître bénin et pourtant, dans une petite organisation, qui était de taille paroissiale à l'époque, qui avait un petit local dans lequel dix personnes se battaient en duel, ce désaccord prenait une dimension existentielle. C'était des enjeux très importants, il allait s'agir de savoir si l'on recrutait des salariés.

À l'époque, nous avions pour tout personnel une secrétaire à mi-temps qui était payée par un journal médical ; c'est à cela que se résumait l'organisation de Médecins sans frontière. Il s'agissait de savoir, par exemple, si on allait recruter un médecin pour s'occuper de la mise en place des missions et du suivi. Moi, je participais à ce débat depuis le terrain, j'ai écrit quelques textes sur ce problème et j'ai été le premier médecin recruté, dans un contexte de tensions terribles. C'était considéré par certains comme le début de la bureaucratie, et nous recevions toutes sortes de critiques, qui comportaient une part de vérité, qui désignaient un danger réel : celui de devenir des technocrates de la misère, de se nourrir de la détresse. C'est vrai que l'aide pose des problèmes et il était juste de se poser ces questions à l'époque ; mais les soulever est une chose, en faire un argument de disqualification de toute forme d'organisation en est une autre. Si l'on voulait être une organisation de médecins, il fallait s'en donner les moyens. C'est pour cela que je défendais cette idée.

MSF s'est rapidement organisé pour le meilleur et parfois pour le pire, mais nous avons surtout pris beaucoup d'avance en développant à la fois des techniques de collecte de fonds, de communication, de communication de terrain, de méthodes opérationnelles de préparation aux interventions d'urgence et de crise, qui ont d'ailleurs très souvent été reprises. Nous les avons publiées, nous avons créé un centre logistique que l'on a ouvert à toutes les organisations, enfin nous avons vraiment fait le nécessaire pour partager ce savoir-faire avec d'autres. Mais notre qualité primordiale, je ne veux pas la cacher par fausse modestie, a été de comprendre avant beaucoup de gens que, sans une organisation solide, on ne pouvait pas agir dans des régions perdues, reculées, qui exigent un dispositif précis, permettant l'autonomie et le renouvellement des équipes.

Médecins du monde s'est créé en opposition à cette politique, et ils ont évidemment refusé de s'organiser, en tout cas pendant les dix premières années de leur existence. Cette organisation regroupe pourtant des gens qui sont exactement les mêmes qu'à

Médecins sans frontière, qui ont les mêmes motivations et qui tiennent des positions dans lesquelles nous pourrions très souvent nous reconnaître, mais elle a développé d'autres formes d'actions : ils interviennent dans les rave-party, ils sont très présents dans la stimulation de nouvelles associations en Europe de l'Est, dans des actions de sensibilisations, qui ne demandent pas une logistique et une organisation très solides. À partir de sensibilités très proches, les modes d'action, la matérialité de l'action, nous ont finalement fait évoluer dans des directions différentes.

Je dois dire que les premières années ont été vraiment sensibles, elles ont été marquées par le souvenir de cette querelle. Comme nous avons, les uns et les autres, de fortes convictions – je suppose que dans cette salle, tout le monde connaît Bernard Kouchner, c'est une personnalité très charismatique, il a horreur de l'opposition –, cela a créé pendant les premières années des tensions inévitables. L'histoire d'une organisation est aussi une histoire d'hommes ; ce ne sont pas uniquement des histoires d'idées et de groupes, mais aussi des histoires personnelles. Ces tensions se sont apaisées et les personnalités de ces deux organismes se sont peu à peu différenciées, en tout cas aux yeux de leurs animateurs et de leurs membres. Mais aux yeux du grand public, c'est totalement différent ; je suis bien conscient que pour beaucoup de gens, ces deux organisations sont interchangeables : Médecins sans frontière ou Médecins du monde, pour beaucoup de gens, c'est la même chose. On s'habitue à vivre avec cela, ce n'est pas si grave. Mais dans la pratique, c'est totalement différent. Certaines personnes quittent Médecins du monde pour MSF car ils veulent faire un véritable travail médical dans les épidémies de sida ou en situation de conflit. Ils trouveront alors plus de moyens à MSF. En revanche, il y a des gens qui quittent MSF pour Médecins du monde s'ils recherchent quelque chose qui soit plus dans la sensibilisation, dans une action qui est plus de l'ordre de la parole. Ils peuvent d'ailleurs passer de l'un à l'autre sans problème, nous ne sommes pas des partis politiques ou des Églises, on peut très bien être membre des deux organisations, assister aux assemblées générales, partir en mission alternativement pour l'une ou pour l'autre.

Quand il y a plusieurs missions en même temps, laquelle choisir et pourquoi ; s'il y avait un tsunami et une guerre au même moment, laquelle choisir en premier ?

À Médecins sans frontière, nous sommes aujourd'hui une organisation suffisamment vaste, puisque nous sommes présents dans cinq pays européens, pour pourvoir répondre aux besoins des différentes missions, même si nous ne pouvons pas toujours le faire avec autant d'ampleur que nous le voudrions. Donc, s'il y a en même temps un tsunami et une guerre, nous pouvons être présents aux deux endroits. C'est d'ailleurs ce qui s'est passé au moment du tsunami. Au même moment, la famine se développait au Niger, et la guerre s'intensifiait au Soudan. Cela ne nous a pas empêchés d'intervenir au Niger et au Soudan, d'ailleurs de façon plus importante que pour le tsunami. Mais sinon, quand on n'a pas les moyens, il faut évidemment faire des choix, ce n'est pas une honte. Une organisation humanitaire n'est pas un service public, c'est une différence très importante. On fait donc ce que l'on peut selon l'idée que l'on se fait des priorités. Si l'on estime que l'on va être plus utile dans le cas d'une catastrophe naturelle et que ce que l'on va apporter répondra mieux aux besoins des victimes, alors c'est là qu'il faut aller. Maintenant, MSF a atteint un niveau de capacité d'action suffisant pour ne pas faire des choix comme celui-là.

Cela dit, nos capacités d'action sont évidemment limitées ; dans le cas du sida, par exemple, nous ne pouvons pas soigner tous les malades. Nous venons d'installer plusieurs nouvelles équipes dans plusieurs pays d'Afrique, mais nous ne pouvons pas prendre en charge plus de six ou sept mille malades, alors qu'il y en a parfois dix fois plus. On ne prend en charge qu'un dixième des malades, mais l'idée est de créer une dynamique et que d'autres organisations viennent, que les ministères de la santé soient plus actifs. On montre ainsi que, finalement, ce n'est pas si difficile et pas aussi cher que ce que l'on croit. C'est une nouveauté importante, on peut soigner les malades très efficacement avec des moyens beaucoup plus limités que ce que l'on croyait jusqu'à présent.

Êtes-vous médecin sans frontière toute l'année ?

Moi non, je ne travaille pour MSF qu'à mi-temps, si l'on veut. J'enseigne également à l'université, sur des questions qui sont en rapport avec l'aide humanitaire, l'aide internationale, les guerres et les réponses que l'on peut y apporter. Mon expérience au sein de MSF est essentielle pour mon enseignement. J'écris aussi sur différents sujets, parfois en rapport direct avec l'humanitaire, parfois sur d'autres questions, comme sur le conflit israélo-palestinien, qui sont plus des activités de citoyen, de personne engagée. Ce n'est tout de même jamais très éloigné, puisque c'est de mon travail à MSF que j'ai tiré la plupart de mes expériences.

Formez-vous du personnel local pour vous aider et vous remplacer quand vous quittez les lieux ?

Oui. Cette question me permet d'aborder un élément dont j'ai oublié de parler. Au cours des trente dernières années, même si tout n'a pas été facile, il y a aussi eu des avancées et, parmi celles-ci, l'apparition de personnes ayant eu une très bonne formation en Afrique. Nous n'en avons pas toujours conscience, mais il existe des facultés de médecine qui fonctionnent bien – pas suffisamment bien du point de vue des étudiants, car ils manquent énormément de moyens – et qui forment des médecins de qualité. Il y a également des médecins africains qui ont été formés à l'étranger et qui reviennent travailler chez eux. Par rapport à l'époque où j'ai commencé, on peut constater un changement majeur : l'existence sur place de cadres de santé, de personnel technique de bon niveau capable d'agir efficacement. Nous travaillons donc avec eux sans avoir à les former car nous avons des formations équivalentes.

La liberté d'une association qui a une certaine confiance en elle, qui a une expérience assez large, peut pourtant apporter quelque chose de nouveau. Je vous disais, à propos du sida, que nous sommes en train de mettre en place un système de suivi des patients démédicalisé. Nous formons donc des gens qui vont exercer une activité sanitaire en dehors d'une compétence médicale. Nous les formons à assurer un suivi à la fois social et clinique des patients. Il s'agit de les aider à reprendre leur vie active, ce qu'ont permis les antirétroviraux. Des gens qui étaient sur le point de mourir, agonisants, retrouvent leurs capacités physiques, leur énergie et leur vitalité. Mais il y a aussi des rechutes et des moments difficiles dans lesquels il faut être présents. Nous formons des personnes capables d'effectuer ce suivi, mais également d'utiliser les techniques de diagnostic dont on dispose aujourd'hui. Ce sont des moyens de diagnostic très bon marché, très précis, et qui permettent de doser des charges virales, de faire des tests importants pour le suivi clinique et d'adapter le traitement antirétroviral. Je ne dis pas qu'il y a suffisamment de médecins et d'infirmiers ou d'infirmières, mais le nombre est croissant chaque année, donc nous cherchons plus à travailler avec eux qu'à les former.

C'est ce qui se passe dans le cadre des missions destinées à durer, comme les interventions sur le sida. Mais la plupart de nos interventions sont destinées à disparaître. L'humanitaire est, pour l'essentiel, une activité qui n'est pas pérenne, une activité temporaire. À mon avis, il est important de se demander ce que cela implique de parler d'humanitaire « durable ». Si justifié que cela puisse paraître au premier regard, ce n'est pas une bonne idée dans l'ensemble. Une intervention humanitaire doit durer ce que dure une crise et se retirer par la suite. Dans les camps de réfugiés, dans les guerres, dans les situations de famine, nous travaillons et nous partons. Nous n'avons donc pas tellement de raison de former des gens. Par contre, nous recrutons, nous donnons du travail, nous créons des dynamiques économiques et sociales. C'est donc une formation spontanée, qui n'est pas destinée à prendre le relais de ce que l'on fait mais qui peut améliorer les compétences professionnelles. Les structures que nous mettons en place ont aussi pour vertu d'être des pôles d'activités économiques ; un hôpital dans une petite ville n'est pas uniquement un lieu de soins, c'est également un pôle économique.

J'ai entendu dire que des gens qui étaient dans l'humanitaire avaient été dégoûtés de cette activité car ils avaient rencontré des membres d'ONG qui profitaient de leur statut pour pratiquer des trafics en tous genres à des fins totalement personnelles et qui, en réalité, empêchaient les actions menées sur place. Je voudrais savoir dans quelle proportion cela se produit et de quelle façon vous pouvez réagir dans ces cas-là, quelles mesures vous pouvez prendre pour éviter qu'il y ait des actions vérolées par ce genre de personnes ?

En ce qui me concerne, je trouve que les trafics et les détournements sont tout de même très rares. Il y a effectivement beaucoup de difficultés dans l'aide humanitaire ; j'en ai évoqué un certain nombre, mais je constate tout de même que ce type de problème est exceptionnel. Cela arrive, il y a des crapules qui peuvent s'infiltrer dans une organisation humanitaire pour y mener des trafics, pour y assouvir leurs penchants pédophiles, pour voler de l'argent ou que sais-je encore. Il n'existe pas de mécanisme de filtrage qui permettrait d'être totalement à l'abri de ce genre de choses. Mais dès que l'on s'en rend compte, les sanctions sont immédiates, la personne est exclue. On peut évidemment aller jusqu'à porter plainte. Cela nous est arrivé, à MSF, de porter plainte contre un de nos membres. Mais par rapport au nombre de gens qui ont travaillé à MSF, et qui continuent à y travailler, cela fait vraiment très très peu.

Certains volontaires ont été aussi dégoûtés, soit par des comportements cyniques, soit par l'impression que les missions auxquelles ils participaient étaient plutôt décidées pour des raisons budgétaires que pour des raisons pratiques. Ce n'est pas à proprement parler du trafic, ce sont des situations de dépendance vis-à-vis d'organisations internationales qui veulent, par exemple, que telle organisation, telle ONG, s'installe à tel endroit, non pas parce que les gens ont besoin des services de cette ONG mais parce que l'organisation qui paye a besoin que son drapeau soit planté là. Je pense par exemple à l'Union européenne qui a financé, à un certain moment, des distributions de vivres, de médicaments et de matériels de construction en Erythrée, au Tadjikistan, ou dans des pays nouvellement indépendants. L'Union européenne voulait montrer sa présence, faire flotter son drapeau, se rendre visible, mais elle ne pouvait pas le faire de façon habituelle, en mettant une ambassade, souvent parce que la bureaucratie retardait la mise en place. Elle obligeait donc des ONG, dont le financement dépendait d'eux, à effectuer ces missions inutiles pour distribuer des choses dont les gens n'avaient pas besoin, simplement pour que le drapeau bleu à étoiles d'or circule dans ces pays. Ce n'est pas très gratifiant et lorsque l'on passe plusieurs mois dans ces pays, on se demande à la fin de la journée ce que l'on a fait et pourquoi on l'a fait. Effectivement, cela a de quoi dégoûter les plus engagés, surtout quand on débute, que l'on est venu pour se rendre utile, avec un certain idéal et beaucoup d'énergie, et que l'on constate que c'est uniquement à cause de l'opportunisme de certains que l'on se retrouve ici.

Y a-t-il des équipes qui se sont rendues en Irak, pendant la guerre ?

Oui, nous avons envoyé des équipes en Irak pendant la guerre. Mais pas beaucoup, seulement quelques-unes. Nous n'avons pas pu nous rendre utiles parce que, cela fait malheureusement partie des choses qui arrivent, l'équipe de MSF a été mise en prison par la police irakienne, pour une raison que nous n'avons jamais vraiment comprise. Saddam Hussein était encore au pouvoir, c'était en avril 2003. Cette équipe a failli mourir quand Bagdad a été prise par les Américains car ses membres étaient encore en prison. Ils ont heureusement été libérés par les policiers irakiens, qui les ont laissés partir, mais ils auraient pu être eux-mêmes tués pendant cet épisode. Nous n'avons quitté l'Irak qu'à la fin de la guerre.

Dans la même collection

Jean-Christophe Bailly, *Le pays des animots. Petite conférence sur le langage.*

Françoise Balibar, *Galilée et Einstein. Petite conférence sur la science.*

Gilles Clément, *Le dindon et le dodo. Petite conférence sur le jardin planétaire.*

Arlette Farge, *L'enfant dans la ville. Petite conférence sur la pauvreté.*

Élisabeth de Fontenay, *Les mille et une fêtes. Petite conférence sur les religions.*

Philippe Lacoue-Labarthe, *Le chant des muses. Petite conférence sur la musique.*

Jean-Luc Nancy, *Au ciel et sur la terre. Petite conférence sur Dieu.*

Daniel Kunth, *Le grand univers et nous. Petite conférence sur l'astronomie.*

Bernard Stiegler, *Des pieds et des mains. Petite conférence sur l'homme et son désir de grandir.*

Jean-Pierre Vernant, Ulysse suivi de Persée. *Petite conférence sur la Grèce.*

Maquette : Cédric Scandella
Mise en pages : DVAG à Chartres

Achevé d'imprimer en septembre 2006
par Normandie Roto Impression s.a.s.
61250 Lonrai
N° d'imprimeur : 061756
N° d'éditeur : 2940
Dépôt légal : octobre 2006

Imprimé en France